MÉTHODE GRADUELLE

POUR L'ENSEIGNEMENT DE LA LECTURE.

PREMIER COURS.

ABÉCÉDAIRE

MONOSYLLABIQUE,

A L'USAGE DES ÉCOLES PRIMAIRES;

Par J.-C. DOCTEUR.

SECONDE ÉDITION.

In tenui labor....
VIRGIL. *Georg.*

A SENONES:
Chez l'Auteur.

1832.

ÉPINAL; IMP. FAGUIER.

APPROBATION

DE L'ÉVÊCHÉ DE SAINT-DIÉ.

Ce petit livre élémentaire du Sᵗ Docteur nous paraît propre à hâter les progrès des enfans dans la lecture, et, par les maximes qu'il leur présente, à former leur cœur à la vertu. Nous verrons avec plaisir qu'on en fasse usage dans les écoles du Diocèse.

Saint-Dié, le 7 septembre 1830.

MOUGEOT, *Vic. gén.*

Je déclare avoir accompli les conditions de la loi et et être en conséquence seul propriétaire du fond de cet ouvrage. Tout contrefacteur ou débitant d'exemplaires non revêtus de ma signature, serait poursuivi devant les Tribunaux.

AVERTISSEMENT.

Persuadé de la nécessité d'une gradation dans l'enseignement de la lecture, aussi bien que dans celui des autres sciences, j'ai vu avec peine qu'il n'existait encore aucun livre vraiment élémentaire pour enseigner à lire aux enfans. A peine connaissent-ils les lettres de l'alphabet, qu'on leur donne à épeler indistinctement toutes sortes de mots, ce qui ne peut manquer de retarder leurs progrès, en embrouillant leurs tendres idées, et de leur donner, par une suite nécessaire, du dégoût pour les leçons, et quelquefois pour le maître qui les leur donne. Une pareille aversion, contractée dans l'enfance, ne peut manquer aussi d'influer de la manière la plus désavantageuse sur le reste de la vie, qui se trouve souvent vouée par là à l'ignorance, et à de plus grands désordres encore.

C'est pour obvier à ce très-grave inconvénient, que j'ai résolu de donner au public ce petit ouvrage, persuadé qu'il produira des effets sensibles d'avancement et d'amélioration partout où il sera introduit (1). Pour cela, j'a

---

(1) MM. les Instituteurs comprendront assez qu'il ne suffi-
pas, pour que ce livre remplisse complètement son but, de
le faire parcourir une seule fois aux enfans. Il faudrait, pour
que ceux-ci en profitassent, qu'on ne les fît passer à des
livres *polysyllabiques*, qu'après qu'ils sauraient lire, sans hé-
siter, la plupart des mots qu'il renferme.

besoin de le recommander particulièrement à l'attention de MM. les Curés et Instituteurs, que je prie de vouloir bien en faire connaître l'utilité aux parens qui seraient, par eux-mêmes, incapables de sentir le mérite que peut avoir un tel ouvrage.

NOTA. Depuis la première publication de cet ouvrage, j'en ai publié un autre en mots d'une et de deux syllabes, qui doit naturellement faire suite à celui-ci.

A	a	*A*	*a*
B	b	*B*	*b*
C	c	*C*	*c*
D	d	*D*	*d*
E	e	*E*	*e*
F	f	*F*	*f*
G	g	*G*	*g*
H	h	*H*	*h*
I	i	*I*	*i*
J	j	*J*	*j*
K	k	*K*	*k*
L	l	*L*	*l*
M	m	*M*	*m*
N	n	*N*	*n*
O	o	*O*	*o*
P	p	*P*	*p*
Q	q	*Q*	*q*
R	r	*R*	*r*
S	s	*S*	*s*
T	t	*T*	*t*
U	u	*U*	*u*
V	v	*V*	*v*
X	x	*X*	*x*
Y	y	*Y*	*y*
Z	z	*Z*	*z*

Premiers élémens de l'appellation.

Ba	be	bi	bo	bu.
Ca	ce	ci	co	cu.
Da	de	di	do	du.
Fa	fe	fi	fo	fu.
Ga	ge	gi	go	gu.
Ha	he	hi	ho	hu.
Ja	je	ji	jo	ju.
Ka	ke	ki	ko	ku.
La	le	li	lo	lu.
Ma	me	mi	mo	mu.
Na	ne	ni	no	nu.
Pa	pe	pi	po	pu.
Qua	que	qui	quo	quu.
Ra	re	ri	ro	ru.
Sa	se	si	so	su.
Ta	te	ti	to	tu.
Va	ve	vi	vo	vu.
Xa	xe	xi	xo	xu.
Za	ze	zi	zo	zu.

PHRASES MONOSYLLABIQUES.

Il y a au Ciel un Dieu qui a fait tout, qui voit tout, qui sait tout. Il est en tous lieux. Il est bon; il est saint. Il n'a point de corps.

Dieu seul peut tout. Rien n'est fait sans lui : tout est fait par lui. C'est lui qui nous a tous faits. C'est donc Dieu qui m'a fait. Dieu a fait mon cœur et mon corps, mes bras et mes pieds, mes mains et mes doigts. En un mot, tout ce que j'ai et tout ce que je suis vient de lui. Ma vie est un de ses dons.

Je suis donc tout à Dieu : je ne suis donc pas à moi.

Dieu n'a pas fait le mal ; car Dieu est saint : il hait le mal et ne veut que le bien.

C'est Dieu qui a fait le ciel, l'air, le feu, l'eau, les fleurs, les champs, les prés et les bois, en un mot, tout ce que l'on voit et tout ce que l'on ne voit pas. Par lui, le blé croît dans les champs; le pain est un de ses dons, et le vin nous vient de lui.

C'est pour nous que Dieu a tout fait; mais il est la fin de tout.

Tout ce que Dieu a fait, et tout ce qu'il fait tous les jours, est très — bien fait.

Dieu voit tout et il sait tout. Il lit dans le fond des cœurs. Il sait ce que je fais, ce que je fis hier, et ce que j'ai fait tous les jours de ma vie. Il voit si je fais bien ou si je fais mal. Il voit tout ce qui est au ciel, et tout ce qui se fait sous le ciel.

Dieu est bon pour tous : il est donc bon pour moi. Il veut mon bien. Il veut que je sois tout à lui. Il veut que je sois bon.

Dieu est en tous lieux; mais on ne peut pas le voir; car il n'a ni bras, ni pieds, ni mains; en un mot, il n'a pas de corps. —

Dieu seul est grand. Dieu ne meurt point. Son nom est trois fois saint.

On ne peut rien sans Dieu : tout ce que l'on peut, c'est par Dieu qu'on le peut.

Il n'y a qu'un seul Dieu; il n'y en a pas deux, ni trois. C'est lui qui l'a dit. Or, quand on ne croit pas ce que Dieu a dit, on est fou.

Je crois donc Dieu, je crois à Dieu,
et je crois en Dieu. Je crois que tout
ce que Dieu a dit est vrai. Je crois que
tout ce que Dieu a fait est bien fait. Je
hais le mal, que Dieu haït : je veux le
bien, que Dieu veut; et mon cœur ne
vit que pour lui.

LE Christ, le fils de Dieu, qui a pris
pour nous un corps dans le tems, est
mort sur la croix pour nous.

Si le fils de Dieu est mort pour tous,
il est donc mort pour moi. Son sang
est ma vie; sa croix est mon bien;
car c'est par la croix que je vis,
et par la croix que je vais au
ciel.

Si le fils de Dieu est mort pour moi,
qui ai si mal fait, que lui dois-je donc?
Je lui dois tout. O Christ, fils de Dieu,
je suis tout à vous !

Le fils de Dieu est mort, pour qu'il
soit le Dieu de la vie, et le Dieu de la
mort.

Le fils de Dieu, mort pour nous,
vit au ciel.

La mort est la fin de la vie. Mais rien

ne meurt que le corps. Le corps seul prend fin ; et tous les corps sont dûs à la mort.

La mort vient tous les jours, et à grands pas. A la mort on voit tout le mal que l'on a fait, et tout le bien que l'on n'a pas fait. A la mort on ne tient plus à rien. A la mort, il n'y a plus de ris ni de pleurs. La mort est la fin des biens et des maux.

Pour ceux qui ont bien fait, à la mort le bien vient et le mal s'en va. Pour ceux qui ont mal fait, à la mort, le mal vient et le bien s'en va.

Qu'est-ce qui suit la mort? Un très-grand bien, si on a bien fait; un très-grand mal, si on a mal fait. Le bien qui suit la mort, c'est Dieu dans le ciel; car il n'y a pas de vrai bien sans Dieu. Le mal qui suit la mort, c'est un feu sans fin, c'est un ver qui ne meurt pas, a dit le fils de Dieu.

_____

La foi est un don de Dieu, qui vaut mieux que tous les biens des gens qui n'ont pas de foi.

Par la foi, on croit en Dieu et à

tout ce qu'il nous a dit. Or rien de plus vrai que la voix de Dieu.

Tous les saints ont eu la foi. Il est dit : le saint vit de la foi. Nul , sans la foi , ne plaît à Dieu. Un cœur n'est pas pur s'il n'a la foi ; car ce n'est que par la foi que l'on fait bien. Les gens sans foi sont sans mœurs.

La foi est au fond du cœur. Un cœur qui a la foi , et qui fait ce que la foi lui dit , est un cœur bien cher à Dieu. Mais les gens sans foi ni loi ne lui sont rien.

La foi est la clef du ciel.

Les fruits de la foi sont paix et joie. Ce n'est que par la foi que l'on va à la loi de Dieu : or rien de plus beau que la loi de Dieu. C'est par la loi de Dieu que l'on va tout droit au ciel.

Si j'ai la foi, et si je fais tout ce que la loi de Dieu veut de moi , je suis un saint.

Car c'est la loi de Dieu qui fait les saints. Or les saints sont seuls grands. Dieu fait tout en vue de ses saints. Saint Jean , saint Paul , saint Luc , saint Marc , sont de grands saints. Dieu fait des saints quand il veut , et de qui il veut. Il y a eu de saints rois.

Dieu est le Roi des Rois. Tous les Rois ne sont que ce que Dieu les a faits. Un roi, tout Roi qu'il est, ne plaît pas à Dieu, s'il n'a la foi. Mais il n'en est pas moins Roi.

C'est au pied de la croix que les saints se sont faits.

———

Dans tous les temps, dans tous les lieux, on a cru à un Dieu.

Bien des gens sont sourds à la voix de Dieu.

Quand on est plein de soi, on ne vit pas pour Dieu.

La vue du ciel plaît à un cœur pur. On ne peut rien voir de plus beau que le ciel, soit de jour, soit de nuit. Et puis, c'est là que Dieu tient sa cour. Tous les saints y sont dans le sein de Dieu.

Le fil de la vie est dans les mains de Dieu.

Quand on a le cœur pur et net, on ne craint rien: quand on a fait le mal, on a peur de tout.

On n'a ni le front ni le cœur gais, quand on a mal fait.

Quánd on a mal fait, le cœur le sait bien.

On va de plain-pied de mal en pis.

Le cœur qui ne craint pas Dieu est un cœur sans frein.

Quand on a bien la foi en Dieu, on ne craint pas la faim.

Nos ans sont courts et très-peu sûrs. Nul n'a de Dieu un bail de vie, ni pour vingt ans, ni pour dix ans, ni pour trois ans, ni pour un jour.

Dieu est bon pour ceux qui sont bons; et il est doux pour ceux qui sont doux.

Le foin croît dans les prés; le lis croît dans les champs, et la foi croît dans les cœurs droits.

Qnand on ment, on ne plaît pas à Dieu.

Le rapt est un plus grand mal que le vol.

Il y a six saints Jean; il y a trois saints Paul; il n'y a qu'un saint Luc.

La pluie suit le beau temps; le beau temps suit la pluie. Dans la vie, le bien suit le mal; le mal suit le bien.

Qu'y a-t-il de plus lourd que le plomb? l'or.

Qu'y a-t-il de plus dur que le fer? le cœur de bien des gens.

Qu'y-a-t-il de plus blanc que le lis? un cœur pur.

Qu'y a-t-il de plus doux que le miel? la loi de Dieu.

Qu'y a-t-il de plus beau que le ciel? Dieu.

Qu'y a-t-il de plus fort que la mort? la foi d'un saint.

Qu'y a-t-il de plus grand qu'un Roi? un saint.

Que la paix de Dieu soit sur vous.

―――――――

Il n'y a que trop de gens qui n'ont pas de bon sens.

Pour bien des gens qui n'ont pas de tact, un sot n'est plus un sot quand il a de l'or.

On a vu les gens les plus fins pris par les plus sots.

Il n'y a rien de plus sot que de ne pas voir ce qui se fait chez soi.

Tous les sots ne sont pas fous, car il y a bien plus de sots que de fous.

Mais on en voit qui sont fous et qui ne sont pas sots.

Les gens qui ont le tact le plus fin, sont tous un peu fous sur un point.

Un sot ne voit pas plus loin que le bout de son nez : un fou voit plus loin ; mais il voit blanc ce qui est noir, et noir ce qui est blanc.

Un fou rit pour rien.

Il y a bien des sots sous le ciel : on en voit à la cour des rois.

L'or ne rend pas les gens bons ; mais il les rend fiers.

Dans tous les arts on va pas à pas.

Il faut un peu de sel dans tout ce que l'on dit.

Qui est-ce qui ne perd pas ses droits ? c'est la mort. Or la faux de la mort a droit sur tout.

Où est-ce que le roi perd ses droits ? où il n'y a rien, dit-on.

A vingt-cinq ans, on a pris son pli, pour le bien ou pour le mal.

A vingt-neuf ans, on a vu les plus beaux de ses jours.

Le mal est un grand legs dont tous ont leur part. Qui n'en a pas son lot ?

Quand on vient, on a le corps

nu; quand on s'en va, on n'en a pas plus.

Quand on a bon pied, bon œil, on ne craint pas plus grand que soi.

Le fait et le droit sont deux mots d'un grand sens. Mieux vaut le droit sans le fait, que le fait sans le droit.

La joie est le bien du cœur. Sans la joie, tous les biens ne sont rien.

Il n'y a pas de haut sans bas, ni de bas sans haut.

Quand on fait bien deux vers, on a du sens et du tact; quand on en fait six, on est un peu fou; quand on en fait dix, on l'est, dit-on, tout-à-fait.

Il faut de l'art dans tout ce que l'on dit, et dans tout ce que l'on fait; mais il ne faut pas que cet art se voie trop.

Le frac et le froc vont de pair près de Dieu. Ce que Dieu veut de nous, c'est un cœur pur et franc, qui fait le bien quand il le peut.

———————

LE mois de Mai est le plus beau de tous les mois; car tout est vert ou en fleurs au mois de Mai. Le mois de Mars est plus froid et moins beau.

Le blanc est plus beau que le gris. Le vert est plus beau que le brun. Le noir de jais est le plus beau de tous les noirs; le bleu du ciel est le plus beau de tous les bleus.

Le teint le plus laid est plus beau qu'un teint où il y a du fard. Le teint roux est le moins beau de tous les teints.

Il faut que la voix ait le son clair, et le ton doux.

Les gens qui ont l'œil vif et le front rond, ont le cœur franc et le sens bon.

La mer a un fond; mais on ne peut le voir. Il fait bon voir les flots de la mer, quand on est au port.

Un jet d'eau plaît à la vue, quand il va haut. On ne dit pas : *un jeu d'eau.*

L'eau de roc vaut mieux que l'eau de puits.

Le vin le moins bon vaut mieux que l'eau. Le vin vieux est plein de feu. Peut-on voir à deux pas de soi,

quand on est plein de vin ? Le vin ne fait pas de mal, quaud on n'en boit pas trop.

Le gland est fait pour les porcs, et le blé pour les gens. Le pain blanc fait un sang pur. Il faut que le paiu noir soit bien cuit. Le pain chaud nuit au corps. Le prix du pain suit le prix du blé. Le blé fut très-cher l'an mil huit cent dix-sept.

Quand on a peu de pain, on n'en perd pas de mie.

On a vu le vin à vil prix, et le blé très-cher.

Le prêt n'est pas sûr, quand il est fait à des gens qui n'ont rien.

Quand on a les mains dans des gants chauds, a-t-on froid aux doigts ? et quand on est près d'un grand feu, a-t-on froid aux pieds ?

On sait qu'un drap neuf vaut mieux qu'un drap vieux, et qu'un drap mou vaut mieux qu'un drap dur.

Le tact est dans les mains, dans les doigts, et dans tout le corps.

Quand le temps est sec, on a peur du feu.

Le bois de buis est fort dur ; le

pin a un bois bien plus mou. Il y a dans nos bois des pins de plus de cent pieds. Il fait bon au frais, sous un grand pin, sur les fleurs, dans un beau bois, quand il fait chaud.

Le vent du nord est le plus froid de tous les vents.

L'air est frais le soir, quand il a fait chaud tout le jour.

Les fruits verts ne sont pas mûrs; et les fruits qui ne sont pas mûrs ne sont pas sains. Un fruit sans jus et sans suc n'est bon à rien.

Ceux qui ont bu trop d'eau-de-vie ont le teint brun et le corps sec.

Les bains sont bons dans bien des maux; mais quand ils sont trop chauds ou trop froids, ils font plus de mal que de bien.

Les Grecs n'ont pas de Roi.

Les murs de Metz sont plus forts que ceux de Toul. Quand on n'a pas le sou, il ne fait pas bon à Metz.

———

VINGT sous font un franc. Il faut cent sous pour cinq francs. Cent vingt sous font six francs. Deux cents sous font dix francs.

Trois fois trois font neuf : neuf et neuf font dix-huit. Dix et dix font vingt. Cinq fois vingt font cent. Donc en cent il y a cinq fois vingt.

Le quart de huit est deux; le quart de vingt est cinq; le quart de vingt-huit est sept; le quart de cent est vingt-cinq.

Le tiers de trois est un; le tiers de six est deux; le tiers de neuf est trois; le tiers de dix-huit est six; le tiers de vingt-un est sept; le tiers de vingt-sept est neuf. Donc trois fois neuf font vingt-sept.

La peau du chien sert : la peau du chat sert peu. La peau du veau fait un bon cuir. Le porc sert par son lard; mais le lard n'est pas pour les juifs.

La chair de l'oie vaut mieux que la chair du coq. Le coq est plus beau que le geai. Il a le cou plus haut et plus droit, et son chant est plus vif. Le geai vit dans les bois, le coq vit près de nous et sous nos toits.

Le bœuf est lent; mais il est fort.

Un bœuf est bien plus gros qu'un loup.
Un loup est plus gros qu'un chat.
Un chat est plus gros qu'un rat.
La chair du rat est un bon mets pour
un chat; mais quand le rat est dans
son trou, il n'a pas peur du chat.
Un chat est plus fort que vingt rats.

Le cerf est plus grand que le chien.
Le loup est plus fort que le cerf;
mais le cerf court mieux que le loup.
On a dit que le cerf vit plus de trois
cents ans. Les vieux cerfs ont un
bois très-haut. Le cerf ne vit que
dans les bois.

Un gros chien ne fuit pas pour
un loup. Un cerf fuit pour un chien
et pour un loup Le cerf craint les
dents du loup; le loup craint l'œil
du chat qui luit dans la nuit; le rat
craint la dent du chat.

Un chat vit un jour un rat sur le
bord de son trou, et lui dit : viens,
mon fils, viens plus près de moi,
que je te voie. Ne crains point : je
suis vieux, et je n'ai plus de dents.
Tu m'es si cher que je suis bien
plus gai quand je t'ai vu. Viens, te
dis-je. Non, dit le rat; je ne me fie

point à toi. J'ai peur du chat qui a des dents, et je crains le chat qui n'en a pas. Je vais dans mon trou. Il fit bien.

Un loup dit un jour à un bœuf. Bon jour, bœuf; il y a bien du temps que je ne t'ai vu. Tu es bien gros et bien gras. Es-tu bien fort ? Plus fort que vingt loups, dit le bœuf.

Un loup dit un jour à un chien : crois-moi, chien, suis-moi dans nos bois. Il ne fait pas bon dans vos murs; on n'y a pas, quand on veut, la clef des champs. C'est vrai, dit le chien, mais on n'y a pas faim.

Le pot de fer vit un jour le pot de grès au coin du feu, et lui dit : suis-moi, pot. Tu as trop chaud là; et puis, quand on n'a rien vu, on ne sait rien non plus. Le pot de grès le suit. Ce fut tant pis pour lui. En peu de temps, par les chocs du pot de fer qu'il suit de près, le pot de grès se voit, du haut en bas, tout plein de trous. Il s'en plaint au pot de fer; mais il n'en est plus temps. Car, à la fin, il eut tant de trous, qu'il n'y eut plus de pot de grès du tout.

Que suit-il de là ? Si tu ne veux pas pour toi le sort du pot de grès, ne vas pas trop près de plus fort que toi.

Un fat dit un jour: Je suis si fort que d'un coup de poing je tue un chien. Oui, mais un chien d'un jour, lui dit-on.

Ci-git Jean Roc, qui fut ce qu'il put. Si on ne lui doit rien, il ne doit rien non plus. Il eut dans sa vie moins de goût pour l'eau que pour le vin ; et il eut bien plus soif qu'il n'eut faim. Il ne fut pas bien grand, car il fut nain de trois pieds. Il n'eut que sept doigts aux deux mains : s'il en eût eu trois de plus, il en eût eu dix. Dès ses vingt ans, il n'eut plus que l'œil droit. Il eut le teint roux et le poil brun, l'œil gros et le nez rond, le bras court et le pied long, le front bas et le cœur haut. Il est mort chez lui, en mars, au coin du feu, à vingt-sept ans, deux mois, deux jours, ni plus ni moins. On dit que ce fut d'un mal de dents.

FIN.